8º F 4257

...CHEL MENARD

LES ACCIDENTS DU TRAVAIL

LOIS

Du 9 avril 1898. — Du 30 juin 1899. — Du 12 avril 1906.

PARIS

IMPRIMERIE P. FERON-VRAU

5, RUE BAYARD, 5

Michel MENARD

LES ACCIDENTS DU TRAVAIL

LOIS

Du 9 avril 1898. — Du 30 juin 1899. — Du 12 avril 1906.

PARIS

IMPRIMERIE P. FERON-VRAU

5, RUE BAYARD, 5

LES ACCIDENTS DU TRAVAIL

Loi du 9 avril 1898. — Loi du 30 juin 1899. — Loi du 12 avril 1906.

La loi sur les accidents du travail est une loi ouvrière, c'est-
à-dire destinée à régir certains rapports entre patrons et ouvriers.
A ce titre, elle fait partie d'un ensemble de lois qui soustraient
au droit commun, représenté par le Code civil, certains procès

pour leur donner des solutions particulières (travail des enfants et des femmes dans les manufactures, 1874 et 1892; mines, 1890; hygiène et sécurité des travailleurs, 1893, etc.). Lorsque les lois se rapportant aux mêmes questions sont assez nombreuses, elles constituent un Code. Il y a déjà des auteurs qui groupent et annotent à part les lois ouvrières. Un Code industriel tend à se détacher du Code civil.

Un phénomène du même genre s'était déjà produit il y a bien longtemps, sous Louis XIV. Je veux parler du Code de commerce. Le commerce comporte sur certains points des règles spéciales. Il nécessite des solutions rapides. Colbert comprit ses besoins et, voulant le favoriser, fit rendre l'ordonnance de 1673, que l'on appelait autrefois « Code marchand ». De nos jours, le développement de plus en plus important de l'industrie a mis en évidence les inconvénients très graves qui résultent de l'application à cette matière des principes du droit commun.

On n'en pourrait choisir d'exemple plus saisissant que la question des accidents du travail.

Avant la loi spéciale de 1898, la loi commune s'appliquait. L'ouvrier blessé ne pouvait fonder ses revendications que sur l'art. 1382 du Code civil.

Tout fait quelconque de l'homme qui cause à autrui un dommage oblige celui par la faute duquel il est arrivé à le réparer.

Il résultait des principes généraux du droit des conséquences fâcheuses et contraires à l'équité. En effet, et c'est d'ailleurs de toute justice, quiconque dans une Société bien organisée demande la réparation d'un préjudice doit prouver d'abord qu'il a subi le préjudice et ensuite que le préjudice subi est imputable à la personne qu'il appelle devant les tribunaux pour lui en demander réparation. L'ouvrier qui, par conséquent, était blessé pendant son travail, devait établir, outre le fait de l'accident, la faute du patron. S'il l'établissait, il recevait des dommages-intérêts équivalents au préjudice que le Tribunal appréciait. Mais s'il n'arrivait pas à établir la faute du patron, le Tribunal le déboutait;

mot juridique, pour dire qu'il le renvoyait à une famille que le malheureux ne pouvait plus nourrir. L'ouvrier qui laissait prendre son bras dans un engrenage ne pouvait alléguer la fatigue qui lasse l'attention. Il était responsable et ne recevait aucune indemnité.

Il est intéressant de savoir si cette situation injuste se présentait fréquemment dans la pratique. En d'autres termes, l'ouvrier arrivait-il souvent à prouver la faute du patron.

Nous avons sur ce sujet des statistiques bien curieuses. M. Tolain, dans son rapport au Sénat, répartissait ainsi les accidents suivant leurs différentes causes :

Cas fortuit et de force majeure...................	68 pour 100
Accidents dus à la faute de l'ouvrier.............	20 —
— — du patron..............	12 —

Je vous donne une autre statistique assez généralement admise qui est un peu plus favorable à l'ouvrier (1).

Cas fortuit et force majeure.................	50 pour 100
Faute souvent légère de l'ouvrier..........	25 —

Avec cette dernière statistique il faut conclure que dans 75 pour 100 des accidents l'ouvrier ne touchait aucune indemnité. La statistique de M. Tolain indiquerait 88 pour 100. Dans les autres cas, soit 25 ou 12 pour 100, l'ouvrier avait droit à la réparation intégrale du préjudice.

Nous constatons tout d'abord que, avant la loi, dans les trois quarts des cas d'accident du travail, la victime restait à la charge de la société. En outre, comme l'ouvrier ne sait pas très bien discerner ce qui est juste de ce qu'on peut faire valoir en justice, il intentait souvent à tort des actions dont les frais l'enfonçaient encore plus avant dans la misère.

Quand l'ouvrier avait droit à une indemnité, la loi commune avait encore un défaut, les lenteurs de la procédure. Ces lenteurs

(1) LOUBAT, *Traité sur le risque professionnel.*

sont toujours dommageables, mais il est aisé de comprendre
qu'elles ne le sont nulle part autant que dans les questions d'accidents du travail. L'ouvrier qui demande une indemnité la
demande tout de suite. Il en a besoin pour payer son pharmacien, son médecin, son propriétaire et son boulanger. Il ne
gagne plus d'argent, il n'en a pas; si on ne lui en fournit pas
sans retard, il souffrira de la faim et vendra pour quelques
jours de pain son droit éventuel à des dommages-intérêts.

On a beaucoup écrit sur les lenteurs de la procédure, mais
rien ne peut être dit de plus éloquent que cette petite statistique
de M. Ricard, garde des Sceaux :

Au tribunal de Rouen les affaires jugées le plus rapidement duraient, en
1re instance, dix mois vingt-six jours, la durée moyenne était de dix-huit
mois.

Dix-huit mois pendant lesquels la famille manquait souvent
de tout, dépensait de l'argent en démarches et en payement
quelquefois d'agents d'affaires véreux. La famille vivait d'espé-
rances dix-huit mois pour voir d'ailleurs tout s'écrouler, car
toute justice organisée comporte un ou deux appels.

Quant aux affaires portées en appel, la durée minima avait été d'un an
sept mois, six jours la durée maxima de deux ans quatre mois dix jours
et la durée moyenne d'un an onze mois vingt-six jours.

Ce régime provoquait à bon droit les réclamations des ouvriers,
qui se plaignaient de n'être point indemnisés dans la plupart des
cas, et dans les autres de l'être trop tard. Il ne satisfaisait pas
davantage les patrons. Sans cesse des procès ! Tout avocat sait
que l'ouvrier tient à défendre ses droits et se croit lésé pour un
rien. D'autre part, la longueur des procès préjudiciait aussi aux
patrons. Ils étaient soumis à la procédure civile, tandis que
pour hâter la solution des différends commerciaux, on avait
créé pour eux le Tribunal de commerce.
Enfin, dans les cas de faute de leur part, ils ne pouvaient
aucunement prévoir l'importance de la condamnation, et par

conséquent la faire entrer dans les frais généraux. Ils étaient, en effet, tenus à réparer entièrement le préjudice, — et le préjudice était apprécié différemment suivant les tribunaux. M. Tarbouriech donne des écarts de 2 000 à 4 000 francs. Il ne faut pas s'en étonner. Certains magistrats à l'âme tendre, sont émus par l'infortune d'une famille, par les bons sentiments de l'ouvrier; d'autres regardent la loi, compulsent les livres et cotent sec.

L'appréciation du juge présente en ces matières des inconvénients. L'homme à l'esprit le plus droit ne peut se défendre de certaines sympathies. Nous nous rappelons avoir défendu en justice de paix un loueur de voiture qui avait écrasé une pauvre femme, et le greffier nous disait en souriant :

— Vous n'avez pas de chance, ici nous sommes les ennemis des écraseurs, mais dans l'arrondissement à côté les piétons sont moins chers.

Une réaction se produisit. La jurisprudence tendit à interpréter humainement l'article 1382. Elle rendit d'abord les patrons responsables des vices de construction et du défaut d'entretien des machines. Puis elle décida que le patron devait prendre toutes les précautions possibles pour prémunir ses ouvriers même contre leur propre imprudence.

Il y avait, d'ailleurs, des lois sur les accidents du travail chez tous nos voisins : en Allemagne depuis 1884, en Autriche depuis 1887, en Norvège depuis 1894, en Finlande depuis 1895. La loi anglaise est de 1897 et la loi danoise de 1898.

Dans ces conditions la loi sur les accidents de travail fut votée (1898). Voyons sur quels principes elle repose, c'est-à-dire à quels sentiments a obéi le législateur :

I. — La loi met à la charge du patron tous les accidents. La théorie qui permet de considérer le patron comme responsable en dehors de sa faute s'appelle théorie du risque professionnel.

II. — Dans quelle mesure le patron est-il reponsable de tous les accidents, autrement dit, comment évaluera-t-on l'indemnité due à la victime d'un accident du travail. (Réglementation forfaitaire de l'indemnité.)

III. — Le Code de commerce comporte une procédure rapide, n'en doit-il pas être de même en ces matières ? (Procédure.)

IV. — Enfin il faut mettre les ouvriers à l'abri de la ruine toujours possible du patron, et permettre aux patrons de s'assurer contre des risques qu'ils ne pourraient peut-être pas supporter. (Garanties.)

I. THÉORIE DU RISQUE PROFESSIONNEL

La théorie du risque professionnel met à la charge du patron tous les accidents. Ils proviennent tous de l'exercice de la profession, par conséquent doivent être supportés par elle, peser sur le prix de revient. Le patron assure ses immeubles contre l'incendie, il calcule l'amortissement des machines dans ses frais généraux, pourquoi ne prendrait-il pas les mêmes précautions quand il s'agit de son « matériel humain », de ses ouvriers ? Cette théorie est d'ailleurs assez juridique. L'article 1384 du Code civil dit que chacun répond des choses qu'il a sous sa garde. De sorte que si une machine éclate dans un atelier et va blesser dans la rue un passant, le propriétaire de la machine doit des dommages-intérêts à la victime. Pourquoi en serait-il autrement quand le blessé est un malheureux que le patron avait placé en cet endroit pour tirer profit de son travail.

D'ailleurs, il existe dans notre droit des dispositions analogues. Ainsi le Code de commerce a recueilli (art. 262 § 99) les dispositions de l'ordonnance de marine de 1681, d'après laquelle le marin blessé ou tombé malade en cours de voyage était soigné aux frais du navire et touchait ses salaires tout entiers.

ENTREPRISES SOUMISES A LA LOI

Dès 1883, Félix Faure, dans l'article Ier de son projet de loi, donnait à la théorie du risque professionnel une très grande étendue :

Le chef de *toute entreprise industrielle, commerciale ou agricole*, est responsable, dans les limites de la présente loi, des dommages causés à tout ouvrier ou employé tué ou blessé dans son travail.

Cette interprétation ne fut pas admise du premier coup. La loi de 1898 (art. 1er) appliquait la théorie du risque professionnel à certaines exploitations qu'elle désignait nommément : industrie du bâtiment, transport, mines, carrières..... et, en outre, d'une manière générale, à toute exploitation où l'emploi de matières explosives ou de machines faisait courir à l'employé des dangers particuliers. Il n'y avait d'ailleurs aucune distinction à faire sur l'importance des matières explosives ou des machines. Un ascenseur ou un monte-charge soumettait aux prévisions de la loi l'établissement où il fonctionnait.

La loi du 30 juin 1899 rendit la loi de 1898 applicable aux exploitations agricoles, mais dans le seul et unique cas où il est fait usage de « machines mues par des moteurs inanimés ».

La loi de 1898 fut modifiée plusieurs fois, car les lois humaines ne descendent pas toutes faites dans le Palais-Bourbon comme les tables de la loi sur le mont Sinaï! Les idées justes se développent d'autant plus rapidement d'ailleurs qu'il s'agit de rendre justice à un plus grand nombre d'électeurs.

Nous verrons comme l'on s'est approché progressivement des idées exposées par Félix Faure, et nous déterminerons ainsi quelles sont les entreprises soumises à la loi. Nous nous demanderons ensuite sur qui pèse et au profit de qui existe le régime du risque professionnel (personnes responsables, personnes protégées par la loi); enfin, pour comprendre la portée de la loi, nous examinerons les conditions nécessaires pour que la victime d'un accident puisse se réclamer de la loi.

La théorie du risque professionnel est partie de la grande industrie. Elle était dans ce cas d'une trop grande évidence de justice. Elle fut appliquée par les lois de 1898 et de 1899 à tous les cas où l'exercice du métier faisait courir à l'ouvrier des dangers particuliers. Ce n'était pas assez. La situation de l'employé d'un grand magasin qui se blesse en coupant la ficelle d'un paquet est moins saisissante que celle du mineur rendu infirme par un coup de grisou, mais au fond elle est la même. Tous deux ont été blessés en faisant un travail dont une partie du bénéfice revenait au patron.

La jurisprudence avait fini par reconnaître que, lorsqu'une exploitation commerciale était jointe à une exploitation industrielle, tous ceux qui travaillaient pour le même patron, ouvriers ou employés, bénéficiaient de la loi. Ainsi, une indemnité était accordée à un commis-voyageur qui plaçait des parapluies fabriqués par son patron. Était soumis à la loi, pour tous ses ouvriers et employés, quiconque « transformait la matière première ».

La loi de 1906 supprima toute discussion en décidant :

Art. 1er. — La législation sur les responsabilités des accidents du travail est étendue à toutes les entreprises commerciales.

Pour définir l'entreprise commerciale, il faut se reporter aux articles 1er, 631 et 632 du Code de commerce et à la jurisprudence.

Certains actes, disent MM. Lyon-Caen et Renault (1), sont considérés par la loi comme des actes de commerce, alors même qu'ils sont faits à titre accidentel et isolé, (la lettre de change par exemple), tandis que les autres supposent une personne qui les fait d'une façon répétée. Ces derniers actes de commerce sont désignés, en général, par la loi au moyen du mot entreprise.

L'on peut dire qu'il y a entreprise industrielle ou commerciale toutes les fois que certains actes sont répétés, sous une même direction, avec l'intention de réaliser un bénéfice. Ainsi, il n'est pas nécessaire que l'entreprise soit privée, la loi s'applique aux entreprises de l'Etat, des départements ou des communes (manufactures de tabacs, entreprises de construction). Mais il est indispensable qu'il y ait gain à réaliser, puisque le principe du risque professionnel est le profit supposé. La loi ne s'appliquera donc pas aux établissements d'assistance par le travail, même quand des travaux industriels sont exécutés.

(1) Lyon-Caen et Renault, *Manuel de droit commercial*, 1904. Librairie Cotillon, p. 26.

PERSONNES RESPONSABLES

Le *patron* ou chef d'entreprise est responsable des accidents. Est « chef d'entreprise » quiconque « dirige, dans un but d'ordre industriel ou commercial, l'exploitation ou l'industrie et recueille les bénéfices » (1).

Il n'existe qu'une exception en faveur de l'ouvrier qui, travaillant seul d'ordinaire, s'adjoint accidentellement un ou plusieurs camarades. L'on donne quelquefois pour raison qu'une collaboration accidentelle ne suffit pas pour conférer la qualité de patron, qui suppose des rapports durables de direction et de subordination. La vérité est que « là où il n'y a rien le roi perd ses droits » et que ce patron d'occasion ne pourrait jamais payer, il n'a pas de fortune; d'autre part, il ne peut pas s'assurer, puisqu'il n'a pas d'ouvriers habituellement. Bien entendu, si vous faites faire des réparations chez vous, vous ne serez pas soumis à la loi. L'ouvrier est alors son maître, personne ne le dirige. Il est comparable aux adjudicataires, qui acceptent de faire des travaux pour une ville et qui assument toutes les responsabilités et courent tous les risques.

Dans le cas d'accident agricole, la responsabilité ne pèse pas nécessairement sur le cultivateur, mais sur l'exploitant du moteur. Lorsque le cultivateur laisse à celui qui fournit le moteur le soin de le mettre en action, il est dégagé de toute responsabilité. C'est le sous-entrepreneur qui court les risques. Le terme « exploitant du moteur » s'applique non seulement aux particuliers, mais aussi aux collectivités telles que : Syndicats, communes, à la condition qu'elles fassent diriger, surveiller effectivement le travail des machines.

PERSONNES PROTÉGÉES PAR LA LOI

Tous les ouvriers ou employés, sans distinction de sexe ni de nationalité, qui relèvent de la direction du chef de l'entreprise assujettie.

(1) Louis ANDRÉ, *Les accidents du travail.*

Deux éléments sont donc indispensables :

Le contrat de travail;

La direction.

Le contrat de travail peut être verbal. La preuve se fait d'après les règles commerciales, c'est-à-dire par témoins, et même par de simples présomptions.

La direction. L'ouvrier qui exécute chez lui des travaux à la tâche n'a pas d'action contre celui qui l'emploie.

Pour les accidents agricoles, la loi de 1899 a créé une particularité : il n'est pas nécessaire que la victime reçoive un salaire pour son travail. Un voisin qui vient aider peut se prévaloir de la loi — pourvu, bien entendu, que ses services aient été connus et acceptés.

Naturellement ne bénéficient pas de la loi les personnes qui se trouvent exceptionnellement dans l'établissement, les inspecteurs du travail, par exemple.

Sont exceptés aussi : 1° les ouvriers ou employés occupés dans les entreprises non assujetties. Ils restent sous l'empire du droit commun (Art. 1382); 2° certains ouvriers qui jouissent d'une situation exceptionnellement favorable (Ouvriers, apprentis et journaliers appartenant aux ateliers de la marine; ouvriers immatriculés des manufactures d'armes dépendant du ministère de la Guerre).

DANS QUELLES CONDITIONS L'OUVRIER
OU EMPLOYÉ BÉNÉFICIAIRE PEUT-IL SE RÉCLAMER DE LA LOI

Il faut tout d'abord qu'il y ait eu *accident survenu par le fait ou à l'occasion du travail*, et l'ayant interrompu pendant plus de quatre jours.

La loi ne définit pas l'accident. On appelle accident « une lésion corporelle provenant de l'action soudaine d'une cause extérieure » (1).

(1) Isaure Toulouse, *Manuel formulair des accidents du travail.*

Il importe de distinguer l'accident du travail de la maladie professionnelle.

La maladie professionnelle est absolument exclue du régime établi par la loi de 1898. Elle est produite par une cause lente et continue, est le résultat de la pratique normale de la profession : citons comme exemple l'empoisonnement saturnin des peintres en bâtiment, dont les journaux ont tant parlé dans leur campagne contre la céruse.

En dehors de la maladie professionnelle, la victime pouvait avoir des dispositions particulières à l'accident. La hernie, par exemple, peut être le résultat d'un effort violent chez un homme robuste, ou peut survenir au cours d'un travail très peu pénible chez un individu prédisposé. Suivant les cas, la hernie est considérée comme accident ou comme maladie.

Il faut toujours faire rentrer dans la catégorie des accidents les complications et aggravations de maladies préexistantes, pourvu qu'elles soient la suite directe et immédiate de l'accident. Ainsi un ouvrier qui a des varices se blesse au pied ; phlébite ; embolie. Il meurt. Le patron doit une indemnité. Ces conclusions peuvent paraître excessives. Mais elles ont été adoptées pour éviter la trop grande multiplicité des procès. Nul ne peut prévoir les conséquences d'un accident. Les patrons auraient été trop souvent tentés de les attribuer aux antécédents personnels ou héréditaires de la victime.

Accident du travail. — Il faut que l'accident soit survenu « par le fait ou à l'occasion du travail ». La jurisprudence de la Cour de cassation exige qu'il se produise dans le temps et dans le lieu du travail.

Dans le temps du travail, il faut comprendre tout le temps pendant lequel l'ouvrier est retenu au lieu du travail : repas, repos pris dans l'enceinte de l'établissement.

Le lieu du travail est partout où l'ouvrier se trouve pour son patron.

Ces conditions ne suffisent pas. L'accident ne donnera pas lieu à action contre le chef d'entreprise s'il a une cause entièrement étrangère au travail, comme une rixe ou un événement de force majeure, tremblement de terre, inondation. Dans ce dernier cas, toutefois, le patron peut être responsable si les effets de la force extérieure ont été aggravés par l'exercice de l'industrie (insolation et terrassements).

Il faut en outre, pour que l'accident donne droit à indemnité, qu'il ait occasionné *une interruption de travail de plus de quatre jours*. En effet, les blessures légères sont très faciles à simuler, et le contrôle en est impossible.

II. RÈGLEMENTATION DE L'INDEMNITÉ

Le principe de l'indemnité versée à la victime d'un accident est très juste; mais il convient de ne pas oublier qu'elle est fournie par quelqu'un. Il fallait éviter d'écraser le patron sous des charges trop lourdes, car c'est un mauvais moyen de soulager les ouvriers que de ruiner l'industrie qui les nourrit. Dans ce but, des limites ont été apportées à la théorie du risque professionnel.

La réparation n'est pas intégrale.

La loi ne s'applique pleinement que pour les salaires annuels inférieurs à 2 400 francs.

En principe, la réparation est allouée sous forme de rente ou pension.

LA RÉPARATION N'EST PAS INTÉGRALE

L'indemnité versée ne représentera qu'une partie du préjudice souffert.

L'on suppose une entente entre patrons et ouvriers: un forfait. Les ouvriers demandent à être couverts de tous risques, mais, en revanche, ils renoncent à exiger la réparation intégrale du préjudice dans le cas où ils y auraient droit. Pour être payés toujours, ils acceptent de ne l'être que partiellement.

L'indemnité est un rapport fixe entre le préjudice et le salaire.

Pour un accident donné, l'ouvrier touche tant pour cent de son salaire, une somme qui ne correspond pas à la diminution de sa capacité de travail; c'est-à-dire que si, après l'accident, la victime gagne la moitié moins qu'auparavant, il ne lui sera versé qu'une rente inférieure à la moitié de son salaire.

Le risque professionnel était le premier principe de la loi. La réparation forfaitaire est le second. M. Chovet a pu dire au Sénat, le 23 février 1905 :

Nous persistons à soutenir que porter jusqu'à 100 pour 100 l'importance de la réparation du préjudice causé par l'accident, ce serait dépouiller absolument la loi de 1898 de son caractère transactionnel et forfaitaire. Et nous croyons que ce serait se leurrer d'un vain espoir de croire que le Sénat consentit jamais à obliger le chef d'entreprise à supporter *seul* la réparation intégrale du préjudice causé.

La réparation forfaitaire est pourtant très discutable. Qui dit forfait dit accord personnel des parties. La loi ne peut pas substituer sa volonté à celle du patron et de ses ouvriers.

Le rapporteur du Sénat avait proposé une solution qui peut paraître plus juridique. L'indemnité, au lieu d'être fixe, aurait oscillé entre un minimum et un maximum, selon les circonstances de l'événement. Mais l'on objecta qu'il était difficile de déterminer les causes d'un accident, et par conséquent de s'arrêter à un chiffre plutôt qu'à un autre. En outre, dans l'esprit du législateur, le principal avantage d'une espèce de tarif établi d'avance était d'éviter les procès trop nombreux. Dans toute autre hypothèse, le patron aurait offert le minimum, l'ouvrier exige le maximum, d'où jamais de transactions. L'on a néanmoins admis qu'il n'est rien dû à la victime qui a intentionnellement provoqué l'accident. D'autre part, dans le cas de *faute inexcusable,* soit de l'ouvrier, soit du patron, l'indemnité peut être baissée ou élevée. La faute inexcusable consiste en une faute plus grave que la faute lourde, elle révèle chez son auteur, en dehors de toute intention dolosive, « la volonté d'omettre, avec connaissance d'un danger certain, de prendre les précautions nécessaires pour l'éviter » (1).

Avec la réglementation forfaitaire, l'ouvrier touche quelquefois moins qu'auparavant, mais il touche toujours. En tous cas, l'action de l'art. 1382 lui est refusée; il ne peut se prévaloir de dispositions autres que celles de la loi de 1898.

La loi de 1898 ne s'applique pleinement qu'aux personnes dont le salaire ne dépasse pas 2 400 francs par an, c'est-à-dire 6 fr. 55 par jour. Pour le surplus, les ouvriers n'ont droit qu'au quart des rentes stipulées, à moins de conventions contraires qui peuvent élever le chiffre de la quotité. Cette disposition évite aux patrons des dépenses énormes que très peu auraient pu payer; elle est dans l'esprit de la loi, qui est démocratique et ne laisse pas peser exclusivement sur le patron ou sur l'ouvrier les conséquences d'un malheur.

La réparation est en principe allouée sous forme de rente ou pension.

La pension est incessible et insaisissable. Cette disposition est en faveur des patrons et des ouvriers. Elle souffre cependant certaines exceptions. Mais, en général, le législateur n'a pas voulu priver les chefs d'entreprise de capitaux qui pouvaient être indispensables à leur industrie; d'autre part, il a pensé à bon droit qu'il n'était pas prudent de livrer des sommes qui pouvaient être importantes à un ouvrier peu habitué au maniement de l'argent. Les pauvres gens se croient très vite riches. Panurge avouait qu'il n'avait jamais autant de tentations que lorsque sa bourse était pleine. Nous lui ressemblons tous un peu, et le démon, que l'Ecriture compare au lion rugissant, fond sur nous dès qu'il entend le tintement des pièces de monnaie.

CALCUL DE L'INDEMNITÉ

L'indemnité est un rapport entre le préjudice et le salaire. Ce rapport varie avec les deux termes. Mais il faut tout d'abord

(1) Cour de Douai, 20 juin 1904. Loi 31 août 1904. (Isaure Toulouse. p. 22.)

distinguer deux sortes d'indemnités. L'accident est suivi d'une maladie plus ou moins longue, *incapacité temporaire*, qui peut aboutir à une infirmité, *incapacité permanente*, ou à la mort.

INCAPACITÉ TEMPORAIRE

Pour que la victime d'un accident ait droit à indemnité, il faut, comme nous l'avons vu, que l'incapacité de travail dure plus de quatre jours. Dans ce cas, pendant tout le temps de la maladie, il est dû à l'ouvrier une indemnité journalière jusqu'à la guérison ou jusqu'au moment où il n'y a plus d'amélioration possible et où il est infirme. Cette indemnité est égale à la moitié de son salaire quotidien, ou, si le salaire est variable, à la moitié du salaire moyen des journées de travail pendant le mois qui a précédé l'accident (1). Il n'est pas fait de réduction pour les salaires supérieurs à 2 400 francs (2) et l'on ne déduit pas les dimanches et jours fériés. Pour les apprentis, l'indemnité allouée ne peut être inférieure à la moitié du salaire le plus bas des ouvriers de même catégorie que la victime, sans toutefois qu'elle puisse dépasser le montant de son salaire.

Le point de départ de l'indemnité journalière est le cinquième jour après l'accident si l'incapacité dure dix jours; le jour même de l'accident si elle est de plus longue durée.

INCAPACITÉ PERMANENTE

L'accident peut être suivi :

D'incapacité absolue et permanente.

D'incapacité partielle permanente.

De mort.

Dans ces différents cas, l'on part, pour fixer l'indemnité, du salaire moyen annuel qui est appelé salaire de base, parce que

(1) Loi de 1898, art. 3, texte 1905.
(2) Circulaire garde des Sceaux, 11 juillet 1902.

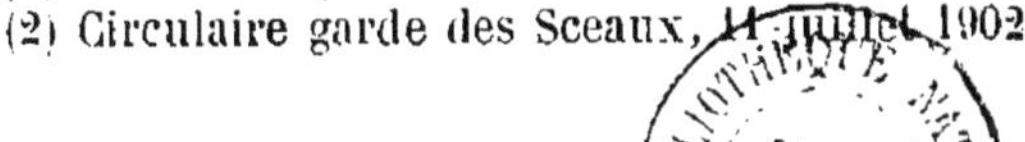

c'est sur lui que les juges se fondent pour fixer la pension. Par salaire il faut entendre « la rémunération effective qui a été allouée..... soit en argent, soit en nature ». Si, par conséquent, l'ouvrier est nourri, l'on doit en faire état et évaluer ses repas selon les prix du lieu. L'on doit aussi faire entrer dans le salaire les pourboires, à la condition qu'ils soient habituels. En effet, dans certaines professions, les pourboires sont le meilleur du bénéfice. Ainsi il y a des garçons coiffeurs « au tronc nourris », ce qui veut dire qu'ils prennent leurs repas avec le patron et que le contenu du tronc leur est abandonné.

Si pendant les périodes visées aux alinéas précédents (12 derniers mois) l'ouvrier a chômé exceptionnellement et pour des causes indépendantes de sa volonté, il est fait état du salaire moyen qui eût correspondu à ces chômages (1).

Si l'ouvrier n'est pas occupé depuis douze mois avant l'accident, l'on reculera la période nécessaire pour les compléter d'après la rémunération moyenne des ouvriers de même catégorie.

Certaines industries sont appelées saisonnières, parce qu'elles ne produisent que pendant une partie de l'année. Elles ont leur saison. L'ouvrier emploie alors le reste de son temps à d'autres travaux. C'est ainsi que les ouvrières en fleurs vivent en hiver du ruban. Il convient, dans ce cas, d'ajouter au produit d'une industrie tout ce que la victime pouvait gagner par ailleurs. Ainsi supposons un accident arrivé dans une fabrique de sucre à un ouvrier qui pendant l'hiver est terrassier. Il faut, pour obtenir le salaire de base, additionner ce qu'il a gagné pendant douze mois, tant au service de la fabrique que comme terrassier.

Les apprentis sont souvent très peu payés. La loi décide que le salaire de base ne peut dans ce cas être inférieur au salaire le

---

(1) Loi de 1898, art. 10, texte de 1905.

plus bas des ouvriers valides de la même catégorie occupés dans l'usine, même si la pension doit dépasser le salaire.

INCAPACITÉ ABSOLUE ET PERMANENTE

C'est le préjudice le plus grave. Dans ce cas, la victime a droit à une rente égale aux deux tiers de son salaire annuel. Un article supprimé donnait une définition d'ailleurs inutile.

Sont considérées comme incapacités permanentes absolues de travail : la cécité, la perte complète de l'usage de deux membres ou toute infirmité incurable mettant la victime hors d'état de travailler et de pourvoir à sa subsistance.

Les tribunaux exigent non seulement l'incapacité professionnelle, mais encore l'incapacité entière, c'est-à-dire qu'un ouvrier absolument incapable de continuer son métier, mais pouvant encore se livrer à un travail différent, ne recevra pas la rente correspondant à l'incapacité absolue.

INCAPACITÉ PERMANENTE PARTIELLE

La victime a droit à une rente égale à la moitié de la réduction que l'accident a fait subir à son salaire. L'ouvrier peut continuer à exercer son métier. Mais du fait de son infirmité, son travail est moins productif et son salaire moins élevé. L'amputation d'un bras, d'une jambe, la perte d'un œil, sont des exemples d'incapacité partielle. Un ouvrier a le pouce amputé. Il gagnait 2 000 francs. Sa capacité de travail est réduite d'un quart. Il a droit à une pension de 250 francs par an.

La jurisprudence a établi là-dessus des tarifs ; suivant la profession, un même accident est évalué plus ou moins. Le patron connaît donc ainsi le prix des membres de ses ouvriers. Un tableau peut paraître intéressant. Je l'emprunte au volume de M. Duchauffour sur les accidents du travail :

NATURE DES LÉSIONS	PROFESSION	RÉDUCTION de valeur professionnelle	RENTE ALLOUÉE
Amputation des deux jambes.	Employé de chemin de fer.	100	900
Amputation du poignet gauche et de la cuisse gauche.	— —	100	912
Perte vision d'un œil.	Forgeron.	33 1/2	457
	Ouvrière en poupées.	33	412
Perte des 5/6 de la vision d'un œil.	Chaudronnier.	30	225
	Serrurier.	25	250
Perte des 3/5.	Mécanicien.	20	230
Perte des 4/10.	Cimentier.	17	100
Amputation du bras à l'épaule.	Electricien.	75	1030
	Apprenti polisseur.	60	540
Gêne très légère du coude.	Raffineur.	2	16
	Cocher.	0	0
Gêne et faiblesse du poignet après fracture.	Terrassier.	25	220
	Ciseleur.	15	112
	Déménageur.	12	90

Point de départ de l'indemnité. — Dans le cas d'incapacité permanente ou partielle, le droit à la rente s'ouvre au jour de la « consolidation de la blessure », c'est-à-dire au jour où la victime est définitivement atteinte d'une incapacité permanente. Jusqu'à ce moment, c'est l'indemnité temporaire qui doit être servie.

MORT

L'ouvrier, victime de l'accident, avait de la famille. Il n'est pas juste que sa mort la réduise à la misère.

Peuvent avoir droit à une pension :

Le conjoint.

Les enfants.

Les ascendants et les descendants autres que les enfants.

Le conjoint survivant, non divorcé ni séparé de corps, et à la condition que le mariage soit antérieur à l'accident, a droit à une pension viagère égale à **20 %** du salaire.

Maintenant il peut se remarier. Tacite disait : Que « les femmes n'ont qu'un mari comme elles n'ont qu'un corps et qu'une vie. Au delà, pour elles, nulle pensée et nul autre désir, pour qu'il apparaisse bien que ce qu'elles ont aimé ce n'est pas tant le mari

que le mariage ». La loi de 1898 a pensé au mari et a été moins
sévère pour les femmes. Un nouveau mariage fait perdre le droit
à la pension, mais il est alors alloué au conjoint survivant une
somme égale au triple de la rente.

*Le défunt laisse des enfants légitimes ou naturels reconnus
avant l'accident.* Ceux-ci, jusqu'à l'âge de seize ans révolus, ont
droit à une pension calculée sur le salaire annuel de la victime.
Cette pension varie suivant qu'ils sont orphelins de père et de
mère ou de l'un des deux seulement, mais dans aucun cas l'ensemble des rentes dues par le patron à tous les ayants droit ne
peut dépasser 60 % du salaire : Les enfants ont perdu leurs deux
auteurs, il est dû à chacun 20 % ; s'ils sont plus de trois, il y a
lieu à réduction proportionnelle. Un des auteurs survit : la pension est égale à 15 % pour un enfant, à 25 % pour deux, à 35 %
pour trois, à 40 % pour quatre ou un plus grand nombre. Les
enfants ne touchent jamais plus de 40 %, parce qu'il faut laisser
entière la pension de 20 % due au conjoint survivant.

*Le défunt ne laisse ni conjoint ni enfant âgé de moins de seize
ans,* mais il avait à sa charge ses père et mère ou ses petits-enfants.
Les ascendants sont admis au bénéfice de la loi, mais seulement
les ascendants de la victime, non ses beaux-parents. A la condition qu'il fût à la charge de la victime au moment du décès,
chacun des ascendants ou des petits-enfants recevra une rente
égale à 10 % du salaire sans que l'ensemble de ces rentes puisse
dépasser 30 % ; elles seront réduites proportionnellement s'il y a
lieu. Les petits-enfants n'ont droit à la pension que jusqu'à seize
ans révolus.

Dans le cas de mort de l'ouvrier, la pension varie donc suivant
les charges que supportait la victime. Cette disposition semble
très juste, elle a l'inconvénient grave de pousser le patron, sur-
tout le petit à prendre des ouvriers célibataires ou sans enfants.

TRANSFORMATION DES RENTES — CONVERSION EN CAPITAL

En principe, la réparation est due sous forme de rente, mais il
y a des exceptions qui s'expliquent d'elles-mêmes.

1º Les parties peuvent suspendre le service de la pension et le remplacer par un autre mode de réparation qui durera tant que l'accord subsistera. La volonté d'une seule des parties suffit à tout instant pour briser la convention.

2º L'ouvrier étranger qui quitte la France reçoit un capital égal au triple de la rente. (Nous avons vu une disposition analogue pour le conjoint qui se remarie.)

3º Tout titulaire d'une pension inférieure à 100 francs peut accepter le rachat à des tarifs établis par la Caisse nationale des retraites. Dans ce cas, le capital de rachat est faible, et d'autre part la rente est souvent insignifiante. Citons des exemples empruntés à M. Duchauffour.

        Rente de 100 francs, capital de rachat 1200
        —   16   —   —   300
        —   90   —   —   1552

Enfin, la victime peut demander au Tribunal que le quart au plus du capital lui soit attribué en espèces ou bien que le capital ou les trois quarts du capital servent à constituer sur sa tête une rente viagère réversible pour moitié au plus sur la tête de son conjoint.

AUTRES FRAIS A LA CHARGE DU CHEF D'ENTREPRISE

A part les indemnités que nous avons étudiées, le patron doit supporter les frais de maladie et, s'il y a lieu, les frais funéraires.

1º *Les frais funéraires* sont évalués à la somme de 100 francs au maximum.

2º *Les frais de maladie* comprennent le payement du médecin, du pharmacien et de l'hôpital. Autrefois, la victime n'avait pas le libre choix du médecin. Il y eut une campagne de presse assez violente à ce sujet. Le texte de 1905 accorde à la victime le libre choix du médecin. Une amende a même été édictée contre les patrons ou assureurs qui, « par menace de renvoi » ou de refus d'indemnité, porteraient atteinte « au droit de la victime de choisir son médecin ». Néanmoins, le patron n'est tenu de payer le pharmacien et le médecin que jusqu'à concurrence d'une somme fixée par le juge de paix du canton d'après un tarif établi par arrêté du ministre du Commerce. Sont dus aussi tous les frais d'hospitalisation, dans le cas de séjour dans un hôpital. Mais ces frais ne doivent pas dépasser 3 fr. 50 par jour, même lorsque la victime a dû être opérée. A Paris, le maximum est de 4 francs.

Si l'ouvrier a obtenu le libre choix du médecin, le patron a gardé le droit de *faire surveiller l'état de santé de la victime*. Il peut désigner au juge de paix un médecin chargé de le renseigner. Le juge de paix vise la désignation, mais n'a pas le droit de récusation; le médecin choisi par le patron a, dès lors, accès hebdomaire auprès de la victime, en présence du médecin traitant, prévenu deux jours à l'avance par lettre recommandée. Si la victime refuse de se prêter à la visite, l'indemnité journalière sera suspendue. S'il y a contestation, le chef d'entreprise peut requérir du juge de paix une expertise médicale.

III. PROCÉDURE

Il avait été question de charger de ces affaires un tribunal arbitral. Cette solution, adoptée dans certains pays étrangers, fut rejetée par la loi de 1898 qui donne compétence aux tribunaux civils.

Des dispositions spéciales ont pourtant été édictées.

La procédure est plus rapide que dans les affaires civiles. Les délais sont très courts.

La charge de la preuve n'a pas été déplacée, elle incombe toujours au demandeur, c'est-à-dire à l'ouvrier qui doit prouver que l'accident dont il se plaint est réel et qu'il a bien été subi pendant le travail. Mais en matière civile, le demandeur doit lui-même réunir tous les éléments de la preuve. La loi de 1898 a eu égard aux difficultés que pourrait rencontrer l'ouvrier, et elle les a aplanies (déclaration et enquête).

Les procés ordinaires doivent être.précédés du préliminaire de conciliation devant le juge de paix (art. 48, C. pr. civ.), mais, dans la pratique, les parties évitent souvent cette formalité en obtenant une ordonnance qui les autorise à assigner à bref délai (art. 49, C. pr. civ). En matière d'accident de travail, comme en matière de divorce, les parties ne peuvent pas être dispensées de comparaître en conciliation.

Le tribunal compétent est celui du lieu de l'accident. L'assistance judiciaire est de droit.

DÉCLARATION ET ENQUÊTE

Lorsqu'un accident du travail est arrivé, le patron doit, dans les quarante-huit heures, non compris les dimanches et jours fériés, en faire la déclaration au maire de la commune du lieu de l'accident.

La déclaration doit indiquer les noms, qualité et adresse du chef d'entreprise, le lieu précis, l'heure et la nature de l'accident, les circonstances dans lesquelles il s'est produit, la nature des blessures, les noms et adresses des témoins (1).

La déclaration de l'accident est obligatoire pour le patron. Cette obligation est sanctionnée par une amende de 1 à 15 francs, ou, en cas de récidive dans l'année, de 16 à 300 francs. Si dans les quatre jours la victime ne peut reprendre le travail, le patron doit produire un certificat médical. Ce certificat, qui n'est soumis à aucune forme spéciale, doit indiquer les suites probables de l'accident.

Dans les vingt-quatre heures qui suivent le dépôt du certificat et au plus tard dans les cinq jours qui suivent la déclaration de l'accident, le maire transmet au juge de paix la déclaration et soit le certificat médical, soit l'attestation qu'il n'a pas été produit de certificat (art. 11, texte de 1902).

____

(1) Loi de 1898, art. 11, § 1ᵉʳ (texte 22 mars 1902).

Suivant une circulaire du 25 mars 1902, le maire n'a pas « à se faire juge, sous quelque prétexte que ce soit, de l'opportunité de la transmission ».

A défaut du patron, la victime peut faire la déclaration. C'est un droit pour elle, tandis que c'est un devoir pour le patron. Le patron doit déclarer l'accident dans les quarante-huit heures, l'ouvrier peut le faire tant que son action est valable, c'est-à-dire dans l'année, délai de prescription établi par la loi de 1898.

LE DOSSIER EST TRANSMIS AU JUGE DE PAIX

Si la victime est décédée ou si la blessure paraît devoir entraîner la mort ou une incapacité permanente de travail, le juge de paix ouvrira une enquête dans les vingt-quatre heures qui suivent la réception du dossier.

Le juge de paix recherchera (art. 12) :

1o La cause, la nature et les circonstances de l'accident ;

2o Les personnes victimes et le lieu où elles se trouvent, le lieu et la date de leur naissance ;

3o La nature des lésions ;

4o Les ayants droit pouvant, le cas échéant, prétendre à une indemnité, le lieu et la date de leur naissance ;

5o Le salaire quotidien et le salaire annuel des victimes ;

6o La Société d'assurances à laquelle le chef d'entreprise était assuré ou le Syndicat de garantie auquel il était affilié.

C'est-à-dire : l'accident est-il un accident du travail qui rentre dans les dispositions de la loi de 1898? A qui doit être versée l'indemnité? Quel sera le salaire de base? Et qui doit payer?

Le juge de paix convoque les parties par lettres recommandées.

Celles-ci peuvent se faire assister par un conseil, même non avocat ou avoué. Si la victime se trouve dans l'impossibilité d'assister à l'enquête, le juge de paix doit se rendre auprès d'elle. Le patron et la victime sont entendus à titre de renseignements sans prêter serment. Lorsque le certificat médical qui lui a été transmis ne lui paraît pas suffisant, le juge de paix peut désigner un médecin pour examiner à nouveau le blessé.

L'enquête doit être close dans les dix jours, à moins d'impossibilité matérielle dûment constatée. Après la clôture de l'enquête, les parties sont avisées de son dépôt au greffe où pendant cinq jours francs elles peuvent en prendre connaissance et en requérir expédition gratuitement.

Après ces cinq jours tout le dossier *en minutes* (c'est-à-dire l'original même des pièces) est transmis au président du tribunal civil du lieu de l'accident.

ACTIONS

Deux actions sont possibles. L'ouvrier peut réclamer une indemnité en vertu de la théorie du risque professionnel (action en indemnité); l'ouvrier ou le patron peuvent demander la revision de cette indemnité en prétendant qu'elle ne correspond plus à l'état actuel de l'infirmité. (Action en revision de l'indemnité.)

ACTION EN INDEMNITÉ

Suivant que l'accident a entraîné une incapacité temporaire ou une incapacité permanente, le juge de paix ou le tribunal est compétent.

INCAPACITÉ TEMPORAIRE

Contrairement à la règle *actor sequitur forum rei*, le juge de paix compétent est en principe celui du lieu de l'accident. Par exception, pour éviter aux parties des voyages coûteux, en matière d'accidents arrivés à l'étranger ou hors du canton où est situé l'établissement auquel est attachée la victime, le juge de paix de ce dernier canton peut être compétent.

Pour les frais médicaux et pharmaceutiques, le juge de paix juge en dernier ressort jusqu'à 300 francs et en premier ressort à quelque chiffre que s'élève la demande à charge d'appel dans la quinzaine de la décision.

Le juge de paix statue en dernier ressort sur les frais funéraires et sur l'indemnité temporaire. Le jugement en matière d'indemnité temporaire n'est susceptible d'appel que dans les trois cas suivants : incompétence du juge de paix, contestation sur l'existence même de l'accident ou sur l'application de la loi.

Toutes les décisions du juge de paix rendues par défaut sont susceptibles d'opposition dans les quinze jours de la signification, par exception les décisions relatives aux indemnités temporaires sont exécutoires nonobstant opposition.

INCAPACITÉ PERMANENTE

Audience de conciliation. — Dans les cinq jours de la réception de l'enquête du juge de paix, le président convoque les parties et l'assureur dans son cabinet. Nul n'est plus désigné pour définir le rôle du président dans cette audience que M. Duchauffour.

Le président a pour mission d'éclairer les parties sur leurs droits et sur les chances de succès d'un procès. Son expérience lui donne l'autorité nécessaire pour faciliter bien des conciliations. Tantôt il fera comprendre à l'assureur..... que la rente proposée est trop faible; tantôt il démontrera à l'ouvrier que ses prétentions sont inadmissibles.

Si l'accord a lieu et s'il est conforme à la loi, il est sanctionné par une ordonnance du président.

Cette ordonnance n'est pas susceptible d'appel et constitue pour l'ouvrier son titre de pension.

Si les parties veulent conclure un arrangement illégal ou ne peuvent tomber d'accord, le président les renvoie devant le tribunal.

Provision. — Le patron est obligé pendant tout le cours du procès de payer l'indemnité temporaire, le demi-salaire peut être en disproportion avec les suites probables de l'accident. Dans ces conditions, le président, par son ordonnance de renvoi et sans appel, peut substituer à l'indemnité journalière une provision inférieure au demi-salaire; il peut aussi, dans les mêmes limites, allouer une provision aux ayants droit de la victime décédée. C'est à lui que pendant tout le cours de l'instance il faut s'adresser, par voie de référé, pour l'obtention ou la modification de provisions.

Le tribunal peut pour s'éclairer ordonner une expertise, mais jamais ne peuvent être experts le médecin qui a soigné le malade ni un médecin attaché à l'entreprise ou à la Société à laquelle le patron était assuré.

Le jugement du tribunal fixe la rente allouée; dans le cas où le montant de l'indemnité ou de la provision qui a pu être allouée excède les arrérages dûs jusqu'à la fixation de la rente, il ordonne que le surplus sera compté sur les arrérages ultérieurs. S'il y a assurance, il spécifie que l'assureur est substitué au chef d'entreprise, il fournit ainsi à la victime ou à ses ayants droit un titre directement exécutoire contre l'assureur, et supprime tout recours contre le patron, que la loi pousse à s'assurer.

Voies de recours. — Le jugement est susceptible d'opposition et d'appel.

Prescription. — L'action en indemnité se prescrit par un an. « On a voulu, au point de vue de la paix sociale, que les questions qui naissent des accidents fussent résolues dans un bref délai; il était également nécessaire de ne pas laisser les chefs d'industrie sous le coup de réclamations tardives, et par cela même, suspectes; la présomption de responsabilité qui pèse sur eux trouve sa contre-partie dans une courte prescription. » (1)

ACTION EN REVISION

L'accident a pu paraître n'entraîner qu'une incapacité temporaire et l'ouvrier prétend qu'il souffre d'une incapacité permanente; l'état de l'ouvrier peut s'améliorer ou s'aggraver; enfin, la victime peut mourir des suites de l'accident. Dans ces différents cas, il y a lieu à action en revision.

Le président du tribunal convoque les parties en conciliation. Il rend une ordonnance qui sanctionne l'accord ou renvoie l'affaire devant le tribunal.

(1) Circulaire du ministre de la Justice, 10 juin 1899. Citation empruntée au volume de M. ANDRÉ.

L'action en revision se prescrit par trois ans. Le point de départ des trois ans est, soit la date à laquelle cesse d'être due l'indemnité journalière, s'il n'y a point eu attribution de rente, soit l'accord intervenu entre les parties, soit la décision judiciaire passée en force de chose jugée.

Pendant les délais de revision le chef d'entreprise a droit de faire surveiller l'ouvrier. Il désigne au président du tribunal un médecin chargé de le renseigner. Cette désignation visée par le président donne au médecin accès trimestriel auprès de la victime.

ASSISTANCE JUDICIAIRE

Chacun sait que si la justice est gratuite en France les jugements sont fort coûteux. Par faveur exceptionnelle, l'ouvrier ou ses représentants plaident gratuitement avec le bénéfice de l'assistance judiciaire. Ce bénéfice leur est acquis de plein droit, c'est-à dire qu'ils n'ont pas à produire les pièces (justification d'indigence par exemple) que doivent fournir les autres plaideurs. L'ouvrier, même aisé, est dispensé de tous frais de justice et ne paye ni avocat, ni avoué, ni huissier.

D'autre part, « les procès-verbaux, certificats, actes de notoriété, significations, jugements et autres actes faits ou rendus en vertu et pour exécution de la présente loi (1), sont délivrés gratuitement, visés pour timbre et enregistrés gratis, lorsqu'il y a lieu à la formalité de l'enregistrement. »

IV. GARANTIES

Des garanties ont été instituées pour assurer aux victimes d'accidents ou à leurs ayants droit le payement des indemnités.

L'assurance obligatoire avait été préconisée. Elle existe en Allemagne. Les ouvriers ont pour garantie les capitaux énormes des Compagnies, et, d'autre part, les patrons, moyennant une prime

____

(1) Loi de 1898, art. 22, texte 1902.

qu'il est facile de faire entrer dans les frais généraux sont exemptés de tout risque.

En Angleterre, la créance de la victime est garantie par un simple privilège. C'est à l'ouvrier à ne pas commettre l'imprudence de s'embaucher chez un patron qui peut faire faillite. La loi française n'a pas cru devoir faire tant de fond sur le bon sens des ouvriers qui sont imprévoyants de nature. Le privilège garantit seulement les indemnités temporaires; pour les indemnités permanentes, un système de protection qui favorise le patron assuré a été organisé.

FRAIS DE MALADIES, FRAIS DE FUNÉRAILLES, INDEMNITÉS TEMPORAIRES

Ces créances, qui ne peuvent jamais s'élever à des sommes très importantes, sont garanties par le privilège de l'article 2101 du Code civil, avec le numéro 6. C'est-à-dire qu'après le médecin, le boulanger du débiteur, etc., en sixième ligne arrive l'ouvrier qui doit être entièrement payé avant que les autres créanciers touchent tant pour cent sur l'actif restant.

GARANTIES SPÉCIALES AUX RENTES OU PENSIONS

Elles diffèrent suivant que :

Le chef d'entreprise verse la pension lui-même, est assuré ou est adhérent à un Syndicat de garantie.

En principe, le capital n'est jamais exigible; néanmoins le patron se décharge de toute obligation s'il le verse à la Caisse nationale des retraites sur la vieillesse (1).

Le chef d'entreprise sert la pension. — Dans ce cas, s'il cesse son industrie, pour quelque cause que ce soit, le capital, par dérogation à la règle générale, devient exigible de plein droit et doit être versé à la Caisse nationale des retraites pour la vieillesse;

---

(1) Le capital est déterminé d'après un tarif spécial établi par la Caisse nationale des retraites et tenant compte de la mortalité des victimes d'accidents et de leurs ayants droit.

à moins que le chef d'entreprise ou ses ayants droit ne fournissent certaines garanties déterminées (1).

Pension servie par une Compagnie d'assurance. — La loi a soumis les Compagnies d'assurances à la surveillance et au contrôle de l'Etat et les a astreintes à constituer des réserves mathématiques et des cautionnements.

Pension servie par un Syndicat de garantie. — Les Syndicats de garantie appelés aussi « Mutualités de garantie » sont analogues aux Sociétés d'assurances mutuelles. « Ce sont des groupements de chefs d'entreprise se coalisant pour supporter ensemble les charges de la loi de 1898. » (2) Tous les adhérents sont liés solidairement (3), c'est-à-dire que le créancier de la pension a pour garantie la fortune de tous les associés.

Les Syndicats de garantie sont soumis à la même surveillance et au même contrôle que les Compagnies d'assurance.

Si, malgré toutes ces précautions, l'ouvrier n'est pas payé, l'Etat intervient, et la Caisse nationale des retraites assure le service de la pension au moyen d'un fonds spécial de garantie alimenté principalement par quatre centimes additionnels sur l'impôt de patente des chefs d'entreprise assujettis.

La Caisse des retraites a un recours contre le chef d'entreprise s'il n'est pas assuré ou contre la Compagnie d'assurance, mais jamais contre tous les deux. Le chef d'entreprise assuré est définitivement libéré.

La loi de 1898 a été extrêmement critiquée. Lorsqu'elle fut votée, l'on commença par dire qu'elle ruinerait l'industrie; les patrons avaient calculé leur prix de revient sur des charges déterminées, que l'on augmentait brusquement; ils ne pouvaient pas résister, et il fallait, pour le moins, restreindre le champ d'application de la loi. Il fut au contraire constamment étendu, les patrons s'assurèrent, et l'industrie survécut en France comme

(1) Loi de 1898, art. 28, § 4.
(2) ANDRÉ.
(3) Loi de 1898, art. 24.

dans tous les pays où des lois analogues étaient en vigueur depuis des années.

Les lois ouvrières sont appelées des lois d'apaisement social, et leur premier résultat est de mécontenter tout le monde. Les ouvriers estiment toujours insuffisantes les concessions qu'on leur fait. Les patrons les trouvent toujours exorbitantes. A la vérité, la solution admise est toujours un compromis; ainsi le risque professionnel comprend des cas de faute du patron où l'ouvrier devrait toucher son plein salaire, d'autres de faute de l'ouvrier où le patron ne devrait rien verser. L'on a établi une moyenne, et de cette manière on a peut-être abouti à plus de justice.

En tous cas, il faut louer les lois de ce genre, car l'état qu'elles créent est meilleur que celui qu'elles remplacent. Avant la loi de 1898, la victime d'un accident tombait à la charge de la collectivité, c'est-à-dire que personne ne s'en occupait, et qu'elle devait vivre de la charité. Il est très imprudent d'établir là-dessus son budget. Maintenant, par suite d'un arrangement légal de la Société, l'industrie fait vivre l'ouvrier qu'elle a rendu infirme. Le royaume de la justice empiète incessamment sur celui de la charité. L'idéal serait qu'il n'y eût point de pauvres parmi nous. Les lois ne le réaliseront jamais, elles doivent y tendre sans cesse. La pauvreté peut être le résultat de malheurs individuels, maladie ou mort, que nulle main ne peut écarter; mais elle peut aussi provenir d'une source commune, comme les accidents du travail, et alors une loi nouvelle doit intervenir pour corriger un peu les lois anciennes. Il faut louer la loi de 1898 parce qu'elle a supprimé une classe de malheureux.

MICHEL MENARD,
avocat à la Cour d'appel.

A consulter : ADRIEN SACHET, *Traité théorique et pratique de la législation sur les accidents du travail.* Paris, Larose, 1899. — LOUBAT, *Traité sur le risque professionnel.* Paris, Chevalier Maresq, 1900. — A. DUCHAUFFOUR, président de section au Tribunal civil de la Seine. *Les accidents du travail. Manuel de conciliation,* Paris, J.-B. Baillère et fils, 1906. — ISAURE TOULOUSE, *Manuel formulaire des accidents du travail.* Paris, V. Giard et E. Brière, 1906. — LOUIS ANDRÉ. *Les accidents du travail.* Bibliothèque Larousse et *Recueil spécial des accidents du travail. Revue de jurisprudence, de législation et de doctrine.*

1605-08. — Imp. P. FERON-VRAU, 3 et 5, rue Bayard, Paris, VIII⁰.

www.ingramcontent.com/pod-product-compliance
Ingram Content Group UK Ltd.
Pitfield, Milton Keynes, MK11 3LW, UK
UKHW022223070726
13613UKWH00004B/1848